Christian Koot

DAS MAGISCHE WÖRTERBUCH
ENGLISCH - DEUTSCH

NÜTZLICHE VOKABELN FÜR
HARRY POTTER FANS

Christian Koot, Samira El-Komi:

Das Magische Wörterbuch Englisch - Deutsch: nützliche Vokabeln für
Harry Potter Fans
Braunschweig / Erlangen 2002
ISBN: 3-8311-3842-7

Titelillustration: JOKA (www.wa-joka.de), Denkendorf

Satz: LaTeX 2_ε (MiKTeX 2.1)

Herstellung: Books on Demand GmbH, Norderstedt

Hallo Muggles,

unzufrieden mit den mittelprächtigen deutschen Übersetzungen von Harry Potter? Lust auf das Original?

So ging es uns auch und deshalb haben wir nun nach mehreren Monaten Vorbereitungszeit *Das Magische Wörterbuch Englisch - Deutsch* mit über 2000 Stichwörtern herausgebracht. Damit euch die Benutzung leichter fällt, haben wir noch einige Hinweise:

Das Wörterbuch setzt einen gewissen Grundwortschatz voraus. Die Englischkenntnisse, die ein durchschnittlicher Schüler der 10. Klasse hat, sollten auf alle Fälle ausreichend sein. Es erschien uns sinnvoller, das Wörterbuch kurz (und damit preisgünstig und gut benutzbar) zu halten, als auch einfachste Vokabeln des Grundwortschatzes zu erklären. Weiterhin haben wir zu allen Stichwörtern nur die Bedeutungen angeführt, die in den Harry-Potter-Büchern auftauchen. Aus demselben Grund haben wir auch keine Aussprachehinweise in der Lautschrift der *International Phonetic Association* aufgenommen. Das Wörterbuch soll ein kleines und effizientes Werkzeug sein, um Harry Potter auf Englisch zu verstehen, ohne einen riesigen Wörterbuchwälzer mit sich herumschleppen zu müssen. Mit einem allgemeinen Wörterbuch Englisch - Deutsch der großen Verlage können und wollen wir nicht konkurrieren.

Weiterhin empfehlen wir die Verwendung unseres Wörterbuches mit den britischen Ausgaben von *Bloomsbury*. Die amerikanischen Ausgaben von *Scholastic* sind sprachlich an bestimmte Eigenheiten des amerikanischen Englisch angepaßt und wurden von uns bei der Zusammenstellung des Wörterbuches nicht betrachtet.

Die Sprache, die *J.K. Rowling* in ihren Büchern verwendet, ist sehr reich und vielfältig. Es werden Wörter oft in ungewöhnlichen Zusammenhängen und Schreibweisen verwendet. Daher gibt es einige Begriffe, die wir mit Wörterbüchern, Internet und Bibliotheksrecherchen nicht klären konnten. Hierbei haben wir Hilfe bei englischen Muttersprachlern gefunden. In diesem Zusammenhang danken wir herzlich *Meeten „Mitz" Patel, Matt DeAngelis* und *Ashley Ward*.

Allerdings gibt es auch eine Reihe von Wörtern, die vollständig der Phantasie von *J.K. Rowling* entstammen. Zum einen kann es für diese natürlich keine alleingültige Übersetzung geben, zum anderen erklärt sie diese Wörter im Text auch meistens, so daß es keinen Sinn macht, diese in das Wörterbuch einzubeziehen.

Wer sich für die Herkunft der Charakternamen interessiert, findet eine große Anzahl von Deutungen in *Kennen Sie Severus Snape?* von *Rudolf Hein* (*Collibri Verlag*, ISBN: 3-926946-69-5).

Gegenwärtig gibt es vier Harry-Potter-Bücher, wenn das nächste erscheint, wollen wir auch unser Wörterbuch auf den neuesten Stand bringen.

Unser Wörterbuch ist „von Fans, für Fans" und kann durch eure Hilfe noch besser werden. Daher gibt es unter *http://www.magisches-woerterbuch.de* das Internetangebot zum Buch: Dort findet ihr Informationen rund um *Das Magische Wörterbuch* und könnt mit uns in Kontakt treten. Habt Ihr Fragen, Anregungen oder Anmerkungen? Dann freuen wir uns darauf, von euch zu hören.

Viel Spaß beim Lesen wünschen euch

Christian   Samira

Abkürzungen

adv.	-	adverb (Adverb)
bzw.	-	beziehungsweise
etc.	-	et cetera
etw.	-	etwas
frz.	-	französisch
griech.	-	griechisch
inf.	-	informal (umgangssprachlich)
jmd.	-	jemand
jmdm.	-	jemandem
jmdn.	-	jemanden
jmds.	-	jemandes
lat.	-	lateinisch
med.	-	medizinisch
pl.	-	plural (Plural)
pret.	-	preterite (Präteritum)
ptp.	-	past participle (Partizip Perfekt)
s.b.	-	somebody (jemand)
sg.	-	singular (Singular)
s.o.	-	someone (jemand)
s.th.	-	something (etwas)
usw.	-	und so weiter

A

to be taken **aback**	-	erstaunt sein
abashed	-	beschämt, verlegen
abject	-	elend
abysmal	-	miserabel, entsetzlich
Abyssinian	-	abessinisch (Abessinien: frühere Bezeichnung für Äthiopien)
acceleration	-	Beschleunigung
to take into **account**	-	in Betracht ziehen, berücksichtigen
accountant	-	Buchhalter
acid	-	Säure
aconite	-	Blauer Eisenhut (Aconitum napellus)
acorn	-	Eichel
adamant	-	unnachgiebig
admirer	-	Bewunderer, Verehrer
without further **ado**	-	ohne weitere Umstände
to **affront**	-	trotzen
aftermath	-	Nachwirkungen
aghast at	-	entgeistert, entsetzt über
agleam	-	glänzend, leuchtend
agony	-	Qual, Agonie, heftiger Schmerz, Höllenqualen
airily	-	lässig, ungezwungen, lebhaft, munter
ajar	-	angelehnt (Tür), einen Spalt breit offen stehen
alas	-	leider
all right	-	tatsächlich, in Ordnung
to **alleviate**	-	erleichtern
almond	-	Mandel
amber	-	bernsteinfarben
to **amble**	-	schlendern
amid	-	inmitten
to not go **amiss**	-	gar nicht verkehrt sein

anguish	-	Qual
animagus	-	Zauberer, der sich in ein Tier verwandeln kann
ankle	-	Fußgelenk
antidote	-	Gegengift, -mittel
antler	-	Geweih
anxious	-	besorgt, ängstlich
apoplectic	-	wahnsinnig machend, in den Wahnsinn treibend
apothecary	-	Apotheker
to be appalled	-	entsetzt sein
apparition	-	Erscheinung
appeal	-	Berufung, Revision
appearance	-	Aussehen
to apprehend	-	festnehmen, verhaften
to approve	-	zustimmen
apron	-	Schürze
to arch	-	sich wölben
to arise	-	entstehen, sich ergeben, aufkommen
armadillo	-	Gürteltier (Familie Daxypodidae)
armour	-	Rüstung, Panzer
arose	-	*pret.* ⇒ to arise
to look askance at s.b.	-	jmdn. mißbilligend / schief ansehen
askew	-	schief
asphodel	-	Affodill (Familie Asphodelaceae)
astounding	-	erstaunlich
astride	-	rittlings
atop	-	auf
Atta boy!	-	Braver Junge!
attic	-	Dachgeschoß, Dachstube, -kammer
auburn	-	kastanienbraun
audible	-	hör-, vernehmbar
audience	-	Publikum

to **avenge**	-	rächen
to **avert**	-	abwenden, -kehren
to **await**	-	erwarten
to give s.b. **away**	-	jmdn. verraten
awe	-	Ehrfurcht
to stand in **awe** of	-	eine Scheu / gewaltig Respekt haben vor
awestruck	-	von Ehrfurcht ergriffen
awkward	-	verlegen, betreten, unbeholfen

B

babble	-	Geplapper, Gemurmel
badge	-	Abzeichen, Plakette
badger	-	Dachs
baggy	-	sackartig, ausgebeult
to rise / take to the **bait**	-	anbeißen, den Köder schlucken, auf den Leim gehen
balaclava	-	Kapuzenmütze
bald	-	kahl
to **bald**	-	eine Glatze bekommen
baleful	-	niedergeschlagen, unheilvoll
to **bamboozle**	-	beschwindeln, über's Ohr hauen
to **bandy** about	-	in Umlauf setzen, weitertragen
banister	-	Treppengeländer
banshee	-	Todesfee
to **bar**	-	blockieren, versperren
barking (mad)	-	völlig verrückt
barmy	-	bekloppt
barn owl	-	Schleiereule (Tyto alba)
basilisk	-	schlangenartiges Wesen der griech. Mythologie, welches mit seinem Blick töten kann
to **bask**	-	sich aalen, sich sonnen
bat	-	Fledermaus, Schlagholz
with **bated** breath	-	mit angehaltenem Atem
battered	-	mitgenommen, ramponiert
batty	-	verrückt
bauble	-	Schmuck
to **bawl**	-	schreien, brüllen
bead	-	Kügelchen
beady eye	-	glänzendes Knopfauge
to be **beady-eyed**	-	ein wachsames Auge haben
beak	-	Schnabel

to **beam**	-	strahlen, lächeln
beam	-	strahlendes Lächeln
to **bear**	-	tragen (Verlust etc.)
to **beat** about the bush	-	um den heißen Brei herumreden
to **beckon**	-	heranwinken, jmdm. (zu)winken
bedlam	-	Tollhaus
bedraggled	-	durchnäßt
bedspread	-	Tagesdecke
bedstead	-	Bettgestell
beech (tree)	-	Buche
beechwood	-	Buchenholz
beefy	-	massig
beetroot	-	rote Bete
to **befuddle**	-	benebeln, berauschen, durcheinanderbringen
to **behead**	-	enthaupten, köpfen
belch	-	Rülpser
to **bellow**	-	brüllen, grölen
belly	-	Bauch, Unterleib
to **belt**	-	rasen
bemused	-	verwirrt
to **bend**	-	beugen über
bendy	-	flexibel, biegsam
benign	-	gütig
bent	-	*pret., ptp.* ⇒ to bend
bent double	-	gekrümmt
to **bequeath** s.th. to s.o.	-	jmdm. etw. hinterlassen / vermachen
berserk	-	wild
to go **berserk**	-	rasend werden, wahnsinnig werden, wild werden, Amok laufen
to **bestow**	-	schenken
to **betray**	-	verraten
to **beware**	-	sich in acht nehmen, sich hüten
bewildered	-	verblüfft, bestürzt, verwirrt, durcheinander

to **bewitch**	-	verzaubern, verhexen, bezaubern, behexen
bewitched	-	verhext, verzaubert
bezoar	-	Ansammlung von unverdaulichem Fremdmaterial im Magen
biased	-	voreingenommen, befangen
to make a **bid** for freedom	-	versuchen, die Freiheit zu erlangen
to **bide** one's time	-	auf den rechten Augenblick warten
bigotry	-	blinder Eifer
bile	-	Gallenflüssigkeit
to **billow**	-	wogen, sich blähen
binoculars	-	Fernglas
birch twig	-	Birkenzweig
bishop	-	Läufer (Schach)
blackmail	-	Erpressung
to **blackmail**	-	erpressen
bladder	-	Blase
to **blame** s.b.	-	jmdm. die Schuld geben, jmdm. Vorwürfe machen
blank	-	verdutzt, verblüfft, verständnislos
blasted	-	verdammt
What in **blazes** ... ?	-	Was zum Henker ... ?
bleary	-	verschwommen, trübe
blimey	-	Verdammt! Verflucht! Mensch!
to **blink**	-	blinzeln
blissful	-	selig, überglücklich
to **blister**	-	Blasen werfen
blob	-	Klecks, Klumpen
blobber	-	Sprechblase, Blase
bloke	-	Typ, Kerl
bloodshed	-	Blutvergießen
to **blot**	-	beklecksen
blotchy	-	fleckig
bluebell	-	Glockenblume

blunder	-	(grober) Fehler
to **blunder**	-	stolpern
blundering	-	tolpatschig, schusselig
blur	-	verschwommener Fleck
to **blurt** (out)	-	herausplatzen (mit)
to **board** up s.th.	-	etw. mit Brettern vernageln
boarhound	-	Saurüde (Hunderasse)
boat	-	Sauciere
to **bob**	-	sich auf- und abbewegen, wippen
bobble hat	-	Bommelmütze
bog	-	Sumpf, Morast
bogey	-	Popel, Rotz
boil	-	Furunkel
boisterous	-	stürmisch, ungestüm, ausgelassen
bold	-	mutig, unerschrocken
to **bolt**	-	hinunterschlingen, Fersengeld geben, Reißaus nehmen
bolt of lightning	-	Blitzstrahl
bolt upright	-	kerzengerade
Bonfire Night	-	5. November (Jahrestag der Pulververschwörung)
bonnet	-	Mütze
to have a bee in one's **bonnet**	-	von einer Idee besessen sein
booming	-	dröhnend
Boomslang	-	Boomslang (Dispholidus typus, Schlangenart im südlichen Afrika)
boredom	-	Langeweile, Stumpfsinn
bosom	-	Busen
bossy	-	herrisch
bough	-	Ast, Zweig
boulder	-	Fels-, Geröllblock
to **bound** in	-	hereinstürmen
to **bound** straight at s.b.	-	auf jmdn. zustürzen
to be **bound** to do s.th.	-	etw. tun müssen

to be out of **bounds**	-	verboten sein, tabu sein
bout	-	Runde
bowler hat	-	Melone (Hut)
to **brace** oneself	-	sich auf etw. gefaßt machen
bracing	-	stärkend, kräftigend, erfrischend (besonders: Klima)
braggart	-	Prahler
bramble	-	Brombeerstrauch
to **brandish**	-	schwingen
brandy	-	Weinbrand
brass	-	Messing, Messing-
brat	-	Gör
bravery	-	Mut, Tapferkeit
to **break** in	-	einweihen, zureiten
to be **breaking and entering**	-	einbrechen
to **breathe** down one's neck	-	jmdm. im Nacken hängen
breed	-	Zucht, Rasse
to **breed**	-	züchten
breezy	-	windig
brisk	-	flink, flott, forsch
bristle	-	Stoppel
bristly	-	borstig, stoppelig
brittle	-	zerbrechlich
to **brood**	-	grübeln, brüten über
broom	-	Besen
broomstick	-	Besenstiel
brown owl	-	Waldkauz (Strix aluco)
to **buck**	-	bocken
to **buck** up	-	aufwachen
to **buckle**	-	festschnallen, zuschnallen
buckled boot	-	Schnallenstiefel
to **budge**	-	nachgeben, sich bewegen
Budge up!	-	Mach Platz!

bulbous	-	knollig
bulging	-	vorstehend
bullet	-	Kugel, Geschoß
to **bully**	-	schikanieren, drangsalieren
to **bully** s.b. into doing s.th.	-	jmdn. drängen, etw. zu tun
bun	-	süßes Teilchen, Dutt
bunch	-	Haufen, Schar
to **bungle**	-	verpfuschen
buoy	-	Boje
buoyant	-	schwungvoll, lebhaft
burden	-	Last, Bürde
burly	-	kräftig, stramm
to **burp**	-	rülpsen, aufstoßen
burrow	-	Fuchsbau
to **burst**	-	herausplatzen
to **bustle**	-	hasten, eilen, sausen, sich beeilen
bustling	-	belebt
buzzing	-	Brummen, Stimmengewirr
by way of	-	an Stelle von

C

cabbage	-	Kohl, Kraut, Kohlpflanze
to **cackle**	-	meckernd lachen
to **cajole**	-	schmeicheln, schöntun, beschwatzen
callus	-	Schwiele
cane	-	Stock, Rohrstock
canopy	-	Baldachin
to **canter**	-	langsam galoppieren, kantern
caput draconis	-	Drachenkopf, Schlangenkopf (lat.)
carol	-	Weihnachtslied
carriage clock	-	Stiluhr
cart	-	Wagen, Karre
carthorse	-	Zugpferd
to **cartwheel**	-	sich überschlagen, sich um die Horizontalachse drehen
to **carve**	-	meißeln, hauen
casket	-	Kästchen
castor	-	Laufrolle
casual	-	gleichgültig, beiläufig, lässig
to **catcall**	-	pfeifen
to **catch** one's eye	-	jmds. Aufmerksamkeit erregen
cauldron	-	Kessel
cauliflower	-	Blumenkohl
to **cease**	-	enden, aufhören, verstummen
ceaseless	-	unaufhörlich
celebrity	-	Berühmtheit, Prominenter
celestial	-	himmlisch
centaur	-	Zentaur (griech. Fabelwesen mit menschlichem Oberkörper und Pferdeleib)
chain	-	Kette
chamber	-	Kammer
to stand a **chance**	-	Aussichten haben

chandelier	-	Kronleuchter
chappie	-	Kerl, Kerlchen
charcoal	-	Holzkohle
to **charge**	-	angreifen, losgehen auf, stürmen
charm	-	Bann, Zauberspruch
to **cheat**	-	schummeln, mogeln
checkmate	-	Schachmatt
to **cheer** up	-	Mut fassen, (wieder) fröhlich werden
cheerful	-	fröhlich, vergnügt
chessman	-	Schachfigur
chestnut	-	kastanienbraun
to **chill**	-	gefrieren lassen, abkühlen
chilly	-	kalt, kühl, frostig
to **chime**	-	schlagen, läuten
chimney	-	Schornstein
chintz	-	Chintz, buntbedruckter Möbelkattun
to **chip**	-	anschlagen, Stückchen abschlagen (Geschirr)
chipolata	-	Cocktailwürstchen
chisel	-	Meißel
chivalry	-	Ritterlichkeit
to **chivvy** along	-	antreiben, vor sich hertreiben
to **choke**	-	mit tränenerstickter Stimme sprechen, mit erstickter Stimme sprechen
to **chomp**	-	kauen
chop	-	Kotelett
to **chortle**	-	gluckern, glucksen, vor sich hinlachen, glucksend lachen
to **christen**	-	taufen
to **chuck** out	-	rauswerfen
chuckle	-	leises Lachen, Kichern
to **chuckle**	-	leise in sich hineinlachen, kichern
to **churn**	-	durchschütteln, aufwühlen, sich heftig bewegen

cinch	-	Kinderspiel
cine-camera	-	Schmalfilmkamera
circuit	-	Rundflug
clairvoyant	-	hellseherisch
to **clamber**	-	klettern, kraxeln
clammy	-	feuchtkalt, klamm
to **clamp**	-	festklemmen
to **clash** with	-	sich beißen mit, nicht zusammenpassen mit
clatter	-	Klappern, Rasseln, Geklapper
clawed	-	krallenartig
to **clench**	-	zusammenziehen, -krampfen, -pressen, -ballen
to **cling** to	-	sich klammern an, festhalten an
to **clink**	-	klirren, klimpern
cloak	-	Umhang, Deckmantel
to **close** in on s.b. / s.th.	-	jmdn. / etw. umzingeln
to **clout**	-	schlagen, hauen
club	-	Schläger, Schlagholz
clue	-	Hinweis, Anhaltspunkt
to **clutch**	-	(fest) ergreifen, packen, umklammern
C'mere!	-	Komm her!
coat of arms	-	Wappen
coat-hanger	-	Kleiderbügel
cobbled	-	gepflastert
cock-and-bull story	-	Lügengeschichte, Räuberpistole
cock-crow	-	Hahnenschrei
cocky	-	großspurig, anmaßend
code of conduct	-	Verhaltenskodex
codger	-	alter Kauz
codswallop	-	Blödsinn, Stuß
coil	-	Windung
coincidence	-	Zufall
collapsible	-	zusammenklappbar

to have the **collywobbles**	-	ein flaues Gefühl in der Magengegend haben
to **comb**	-	kämmen
combative	-	kampfbereit
to **commiserate**	-	bedauern, bemitleiden
complacent	-	selbstzufrieden
to **complain**	-	sich beschweren
composed	-	ruhig, gelassen
comprehensive school	-	Gesamtschule
concealment	-	Verbergung, Geheimhaltung, Verheimlichung
to be **concerned** with s.th.	-	mit etw. beschäftigt sein, um etw. besorgt sein
to **confide** in	-	sich anvertrauen
to **confound**	-	verwirren, durcheinanderbringen
to **confund**	-	⇒ to confound
to **congregate**	-	(sich) versammeln
to **conjure** up	-	hervorzaubern
conk	-	Zinken (Nase)
conker	-	Kastanie
considerable	-	beträchtlich, erheblich
conspiratorial	-	verschwörerisch
contagious	-	ansteckend
contemptuous	-	verächtlich, geringschätzig
contender	-	Bewerber
to **contord**	-	verzerren, verziehen
to **convince**	-	überzeugen
to **cook** up s.th.	-	sich etw. einfallen lassen, sich etw. zurechtbasteln
cooker	-	Herd
copper	-	Kupfer
cord	-	Schnur
cordial	-	herzlich, freundlich, warm, aufrichtig
core	-	Kern, das Innerste, Herz, Mark
corking	-	toll, prima
corpse	-	Leiche, Leichnam

cosy	-	gemütlich, behaglich
courtyard	-	Hof
coward	-	Feigling
cowardice	-	Feigheit
to **crack** on	-	weitermachen, fortfahren
cracker	-	Knallbonbon
crackpot	-	verrückt, irre
to **cram**	-	vollstopfen, vollpacken
to be **cramped** for space	-	zu wenig Platz haben
to **crane**	-	recken
cranny	-	Ritze, Spalte
crate	-	Kiste, Lattenkiste, Kasten
by the **crate**	-	kistenweise
to **crave**	-	flehen
to **creak**	-	knarren, quietschen
to **creep**	-	schleichen, kriechen
creeper	-	Kriechgewächs
to give s.b. the **creeps**	-	bei jmdm. eine Gänsehaut verursachen
creepy	-	gruselig
crept	-	*pret., ptp.* ⇒ to creep
crescendo	-	Crescendo, allmähliches Anwachsen der Tonstärke
crikey	-	Mensch!
to **cringe** away from s.th.	-	vor etw. zurückweichen
to **crinkle**	-	knittern, Falten werfen
crinoline	-	Krinoline, Reifenrock
crisp	-	knapp (Bemerkung)
to **croak**	-	krächzen, quaken
crony	-	Kumpan
crooked	-	krumm, schief
to **crop** up	-	plötzlich auftauchen
to be not someone to **cross**	-	jmd. sein, mit dem nicht gut Kirschen essen ist

crossbow	-	Armbrust
crossly	-	enttäuscht
to **crouch**	-	sich zusammenkauern, hocken
crumpet	-	kleiner dicker Pfannkuchen, Sauerteigfladen
to **crumple**	-	zerknautschen, eindrücken, zerknittern, zerknüllen
to **crush**	-	zerdrücken, zerquetschen
crutch	-	Krücke
cubicle	-	Zelle, Kabine
cuddly	-	knuddelig, verschmust
cuff	-	Ärmelaufschlag, Manschette
culprit	-	Schuldiger, Missetäter
cunning	-	Schlauheit, Listigkeit, Gerissenheit
cur	-	Köter, Schweinehund
to **curl**	-	sich schlängeln, sich winden
curse	-	Fluch
curt	-	kurz(gefaßt), knapp
custard	-	Eiercreme

D

dagger	-	Dolch
to look **daggers** at s.o.	-	jmdn. mit Blicken durchbohren
daisy	-	Gänseblümchen
damp	-	feucht
to **dampen**	-	dämpfen, ersticken
dappled	-	gescheckt
to **dare**	-	sich trauen, sich wagen
daring	-	Wagemut
to **dart**	-	flitzen, schnellen
to **dash**	-	hetzen, rennen, stürmen
to **daub** on	-	schmieren auf
dazed	-	verwirrt
to **dazzle**	-	blenden
dead end	-	Sackgasse
dead faint	-	tiefe Ohnmacht
for **dear** life	-	verzweifelt
death toll	-	Blutzoll, Anzahl der Todesopfer
decapitation	-	Enthauptung
decay	-	Zerfall
decent	-	anständig, vernünftig
to **decipher**	-	entziffern
decree	-	Dekret, Erlaß
decrepit	-	altersschwach, klapperig
deduction	-	Herleitung, Schlußfolgerung
defeat	-	Niederlage
defiant	-	trotzig, herausfordernd
to **deflate**	-	entleeren
deliberate	-	bewußt, absichtlich, vorsätzlich
demonic	-	teuflisch
deranged	-	in Unordnung, durcheinander

derelict	-	heruntergekommen
despicable	-	verächtlich, verachtenswert
destiny	-	Schicksal, Bestimmung
detention	-	Nachsitzen
to detest	-	verabscheuen, hassen
to devastate	-	vernichten
devoted	-	gewidmet
diatribe	-	Hetzrede
dilapidated	-	klapperig
dimpled	-	mit Grübchen
din	-	Lärm, Getöse
to discard	-	ausrangieren
to discern	-	erkennen
disdainful	-	verächtlich, geringschätzig
to disembowel	-	ausnehmen
to disentangle	-	sich lösen, sich befreien
disgruntled	-	verstimmt
disguise	-	Verkleidung, Maske, Tarnung
disgust	-	Widerwille, Abscheu
disgusted	-	empört
to dish out	-	austeilen
dishevelled	-	zerzaust
to dislike	-	nicht mögen, eine Abneigung hegen
to dislodge	-	vertreiben, verjagen, verdrängen
to bring into disrepute	-	in Verruf bringen
distinctly	-	deutlich, klar, ausgesprochen
to distort	-	verdrehen, verzerren
to be distracted	-	außer sich sein
to be distraught	-	⇒ to be distracted
disused	-	leerstehend
to ditch	-	abwählen
dittany	-	Diptam (Dictamnus albus, Gift- und Heilpflanze)

to **dive**	-	einen Sturzflug machen
to **dive-bomb**	-	im Sturzflug bombardieren
diversion	-	Ablenkung
divination	-	Weissagung
divine	-	göttlich, himmlisch
to **divulge**	-	enthüllen, preisgeben (Geheimnis etc.)
dizzy	-	schwindelig
docile	-	gefügig
doddery	-	tatterig
to **dodge**	-	ausweichen
dodgy	-	vertrackt
dollop	-	Klumpen, Klacks
domed	-	gewölbt, kuppelig
donkey	-	Esel
doom	-	Schicksal, Verhängnis
doom-laden	-	mit dunkler Vorahnung beladen
dormice	-	*pl.* ⇒ dormouse
dormitory	-	Schlafsaal
dormouse	-	Haselmaus (Muscardinus avellanarius)
to **double** back	-	kehrtmachen, zurückgehen
downright	-	glatt, ausgesprochen
downtrodden	-	unterdrückt
doze	-	Nickerchen
draft	-	Trank, Gebräu
to **drag**	-	schleppen, schleifen, ziehen
to **drain**	-	ausfließen, entwässern, austrinken, leeren
to **drain** away	-	(Flüssigkeit) abfließen lassen
dratted	-	verdammt
draughty	-	zugig
drawback	-	Nachteil
drawers	-	Kommode
drawl	-	schleppende Sprache

to **drawl**	-	schleppend sprechen
to **dread**	-	sich fürchten (vor), große Angst haben (vor)
dreadlocks	-	rastaähnliche Strähnenfrisur
dreg	-	Bodensatz
to **drench**	-	durchnässen
dressing-gown	-	Bademantel
drill	-	Bohrer
drily	-	trocken
drip	-	Tropfen
to **drip**	-	tropfen
to **drone**	-	eintönig sprechen
drool	-	Sabber
to **drool**	-	sabbern
to **droop**	-	herabhängen, zufallen (Augen)
to **duck** out	-	ausweichen, sich drücken vor
dud	-	Blindgänger
to be **due** to	-	geplant / angesetzt sein für
duffer	-	Blödmann, Trottel
dull	-	trüb, matt
to **dumbfound**	-	verblüffen
dumbstruck	-	sprachlos
to **dump**	-	abladen, abstellen, hinfallen lassen, fallen lassen, hinwerfen, abschieben
dumpy	-	pummelig, plump, untersetzt
dunderhead	-	Dummkopf, Schwachkopf
dungeon	-	Verlies
dunno	-	weiß nicht (*inf.* ⇒ don't know)
duster	-	Staubmantel
dwarf	-	Zwerg
to **dwell**	-	leben, wohnen
dweller	-	Bewohner
to **dye**	-	färben

E

earmuffs	-	Ohrenschützer
earshot	-	Hörweite
earwig	-	Ohrwurm
to **eat** one's words	-	alles (was man gesagt hat) zurücknehmen
eavesdropper	-	Lauscher, Horcher
ebony	-	Ebenholz
eclair	-	Eclair (frz. Dessert mit Keks und Sahnepudding)
to **edge**	-	sich vorsichtig auf etw. zubewegen
edgy	-	nervös, gereizt
eel	-	Aal
eerie	-	unheimlich, schaurig
eggnog	-	Eierflip
to **elongate**	-	verlängern
to **elope**	-	durchbrennen
to **elude**	-	entgehen, sich entziehen
embers	-	Glut
embrace	-	Umarmung
to **embroider**	-	ausschmücken
emerald	-	Smaragd, smaragdgrün
to **emerge**	-	auftauchen
to **emit**	-	ausstoßen
enchanting	-	bezaubernd, entzückend
enchantment	-	Zauber
enclosure	-	Umzäunung
end	-	Ziel, Zweck, Ende
to **endure**	-	aushalten, ertragen, dulden
engorgement	-	durch Blutzufluß verursachte Schwellung
to **engulf**	-	verschlingen
enraptured	-	hingerissen
enticing	-	verlockend, verführerisch

entirely	-	völlig, gänzlich
entranced	-	entzückt
entwined	-	verschlungen
envious	-	neidisch
envoy	-	Gesandter, Abgesandter
to **envy**	-	beneiden
to **erupt**	-	ausbrechen (in Beifall)
escalator	-	Rolltreppe
to **evaporate**	-	sich in Luft auflösen
to **exacerbate**	-	verschlimmern
exam nerves	-	Prüfungsangst
exasperated	-	verärgert, wütend, aufgebracht
exasperation	-	Verzweiflung
to **exempt**	-	befreien, freistellen
exercise	-	Bewegung, körperliche Betätigung, Auslauf (Hund)
exploit	-	Großtat, große Leistung
exuberant	-	überschwenglich, -sprudelnd
exultant	-	triumphierend
to **eye** s.b.	-	jmdn. anstarren

F

faint	-	schwach, matt
to **faint**	-	in Ohnmacht fallen, ohnmächtig werden
fame	-	Ruhm
fang	-	Giftzahn, Fangzahn
to be **fast asleep**	-	fest schlafen
fastening	-	Verschluß
feast	-	Festmahl, Festessen
to **feast** on	-	sich gütlich tun an
feather duster	-	Staubwedel
feeble	-	schwach
fen	-	Marschland
ferocious	-	wild, heftig
ferocity	-	Grausamkeit, Wildheit
ferret	-	Frettchen
to **ferret** around	-	herumsuchen nach
fervent	-	glühend, leidenschaftlich, inbrünstig
festive	-	festlich
festoon	-	Girlande
feverish	-	fieberhaft
fez	-	Fes (besonders in islamischen Ländern getragene kegelstumpfförmige rote Filzkappe)
to **fiddle** with s.th.	-	an etw. herumspielen
to **fidget**	-	herumzappeln
to **fidget** with	-	herumspielen mit, herumfuchteln mit
fierce	-	grimmig, böse
to **filch**	-	zurückschrecken (vor)
to **fill** s.b. in	-	jmdn. aufklären / einweihen
filthy	-	scheußlich schmutzig, ekelhaft
to **finish** s.b. off	-	jmdn. fertigmachen, erledigen
fir tree	-	Tannenbaum
fishy	-	verdächtig

fit	-	Anfall (med.)
fittle	-	Schweinerei
fixed	-	starr, unbeweglich
flabbergast	-	verblüfft
to **flail**	-	herumfuchteln
to **flail** s.th.	-	mit etw. wild um sich schlagen
flaming christmas pudding	-	mit brennender Rum- oder Brandysoße servierter Plumpudding
flank	-	Flanke
to get in a **flap**	-	in helle Aufregung geraten, das große Flattern kriegen
to **flare**	-	aufleuchten, sich blähen (Nasenlöcher)
to **flatten**	-	plattmachen, falten (vernichtend schlagen), (Gegner) fertigmachen, dem Erdboden gleichmachen
to **flatter**	-	schmeicheln
flattering	-	schmeichelhaft
to **flex**	-	beugen, biegen
to **flick**	-	leicht schlagen, flüchtig durchblättern
to **flick** past	-	vorbeihuschen
flimsy	-	dünn, instabil
to **flinch**	-	zurückzucken
to **fling** one's arms around s.b.	-	jmdn. heftig umarmen
to **flit**	-	huschen
to **float**	-	schweben
flock	-	Schwarm
to **flock** out	-	hinausströmen (Menschenmenge)
to **flop**	-	fallen, plumpsen, sich fallenlassen
to **flout**	-	mißachten
fluff	-	Fusseln, Staubflocken
flushed	-	gerötet
to be all of a **flutter**	-	sich in heller Aufregung befinden
fluxweed	-	zur Familie der Lippenblütler (Lamiaceae) gehörende Heilpflanze

foal	-	Fohlen
foe	-	Feind
to be **fond** of s.b. / s.th.	-	jmdn. / etw. mögen, gern haben
foolhardy	-	tollkühn, verwegen
footstool	-	Schemel, Fußbank
forehead	-	Stirn
to **foretell**	-	vorhersagen
foretold	-	*pret., ptp.* ⇒ to foretell
to **forfeit**	-	verlieren
forlorn	-	unglücklich
fortnight	-	vierzehn Tage, zwei Wochen
foul	-	widerlich
four poster	-	Himmelbett
fowl	-	Haushuhn
frail	-	zerbrechlich
frantic	-	rasend, aufgeregt
fraud	-	Betrüger, Schwindler
freak	-	Mißgeburt, Monstrum, Durchgeknallter
freckle	-	Sommersprosse
freckled	-	sommersprossig
to **fret** about	-	sich Sorgen machen
fretful	-	ärgerlich, gereizt, unruhig
friar	-	Mönch, Bruder
frill	-	Halskrause, Rüsche
frilly dress	-	Rüschenkleid
fringe	-	Pony (Haar), Rand
to **frog-march**	-	abschleppen, wegschleifen
frog-spawn	-	Froschlaich
to **froth**	-	schäumen
to **fry**	-	braten
fry-up	-	Pfannengericht
frying pan	-	Bratpfanne

fudge	-	Buttertoffee, Fondant, Karamelbonbon
to **fumble**	-	herumfummeln, -tasten
to **fumble** with	-	ungeschickt umgehen mit
to **fume**	-	wütend sein, vor Wut kochen
fumes	-	Dämpfe
fungi	-	*pl.* ⇒ fungus
fungus	-	Pilz
furious	-	wütend
to **furl**	-	sich kräuselnd ausströmen (Rauch)
furnace	-	Hochofen, Schmelzofen
furore	-	Aufsehen, Aufruhr
to **furrow**	-	runzeln
furry	-	pelzartig, pelzig
furtive	-	heimlich, verstohlen
fussing-about	-	Aufstand, Zirkus, Nerverei

G

to **gag** on	-	würgen an
to **gain**	-	gewinnen
gale	-	Sturm, steife Brise
gales of laughter	-	stürmisches Gelächter
galoshes	-	Galoschen, Gummischuhe
gamekeeper	-	Wildhüter
gangling	-	schlaksig
gap	-	Lücke
to **gape**	-	mit offenem Mund starren / gaffen
gargoyle	-	Wasserspeier, Scheusal
garlic	-	Knoblauch
to **gasp**	-	nach Luft schnappen
gaunt	-	hager, ausgemergelt, ausgezehrt
gauzy	-	gazeartig, hauchdünn
to **gawp**	-	glotzen, gaffen
to drop one's **gaze**	-	den Blick senken
gentle	-	sanft, freundlich
gently	-	*adv.* ⇒gentle
germ	-	Keim
to **get** back at s.b.	-	jmdm. etw. heimzahlen
get-up	-	Aufmachung (Bekleidung)
ghoul	-	Ghul (leichenfressender Dämon)
to **gibber**	-	brabbeln, quatschen
gift	-	Begabung
to **giggle**	-	kichern
gill	-	Kieme
ginger	-	rötlichbraun, gelblichbraun
gingerly	-	vorsichtig, behutsam
gist	-	das Wesentliche
git	-	Schwachkopf, Depp

to **glare**	-	zornig anstarren, wütend anstarren / anfunkeln
glee	-	Freude
gleeful	-	ausgelassen, fröhlich
glen	-	enges abgeschiedenes Tal
glimpse	-	Blick
to **glint**	-	schimmern, glitzern, funkeln
to **glisten**	-	glänzen, glitzern
to **glitter**	-	glitzern, funkeln
to have a **gloat**	-	schadenfroh grinsen
gloom	-	Düsterkeit, Finsternis
gloomy	-	düster
glum	-	niedergeschlagen, bedrückt, verdrossen
gnarled	-	knorrig
goblet	-	Kelch
gobletful	-	ein Kelch voll
goblin	-	Kobold
godfather	-	Pate
to **goggle** at s.b.	-	jmdn. anstarren / anglotzen
goner	-	Todeskandidat
Good gracious!	-	Du meine Güte! Du lieber Himmel!
gorgon	-	Gorgo (weibliches Ungeheuer der altgriechischen Mythologie mit Schlangenhaaren und versteinerndem Blick)
gown	-	Kleid, Robe
to **grasp**	-	(er)greifen, packen, anfassen
to **grass** on s.b.	-	jmdn. verpfeifen
grate	-	Kamin, Feuerstelle
gravel	-	Kies
gravy	-	Soße
to **graze**	-	streifen
greed	-	Gier, Habgier
grief	-	Kummer, Gram, Leid, Schmerz
griffon	-	Griffon (Vorstehhund)

grim	-	grimmig, zornig, wütend
to **grit** one's teeth	-	die Zähne zusammenbeißen
gritted teeth	-	zusammengebissene Zähne
to **groan**	-	stöhnen
to **groom**	-	pflegen
to **grope** for	-	nach etw. tasten
grotto	-	Höhle, Grotte
to **grow** on	-	Einfluß / Macht gewinnen über
growl	-	Knurren
to **growl**	-	knurren, brummen
grubby	-	schmuddelig, dreckig
grudge	-	Groll
grudging	-	unwirsch, widerwillig
gruff	-	barsch, schroff
grumpy	-	mürrisch
grunt	-	Grunzen, Knurren
to **grunt**	-	grunzen, brummen, knurren
grunting	-	Grunzen
to catch s.b. off **guard**	-	jmdn. erwischen, wenn er nicht auf der Hut ist
guffaw	-	(schallendes) Gelächter
gullible	-	leichtgläubig, naiv
gullible	-	Leichtgläubiger, Naiver
gulp	-	(großer) Schluck
to **gulp**	-	hinunterschlingen, schlucken

H

haddock	-	Schellfisch (Melanogrammus aeglefinus)
hag	-	häßliches, altes Weib
haggis	-	schottisches Gericht aus Schafsinnereien und Haferschrot, im Schafsmagen gekocht
to **haggle**	-	feilschen, handeln
halt	-	Halt, Stillstand, Stehen
to **hamper**	-	behindern
handkerchief	-	Taschentuch
to come in **handy**	-	(sehr) gelegen kommen
hang-glider	-	Hängedrachen
haphazard	-	plan-, wahllos
hare lip	-	Hasenscharte
harebrained	-	verrückt
harness	-	Geschirr, Gurtwerk
harp	-	Harfe
to **hatch**	-	ausschlüpfen
to **hatch** out	-	ausbrüten
hatchet	-	Beil, Kriegsbeil
hatred	-	Haß
haughty	-	hochmütig, überheblich
havoc	-	Verwüstung, Zerstörung
to go **haywire**	-	durchdrehen, verrückt spielen
to **head** s.b. off	-	jmdn. abfangen
headlight	-	Scheinwerfer
headmistress	-	Direktorin (Schule)
to lie in a **heap**	-	wie ein Sack daliegen
by **heart**	-	auswendig
heartstring	-	Herznerv, Herzsehne
to **heave**	-	sich heben und senken, ziehen, hieven
to take **heed**	-	achtgeben, aufpassen
heel	-	Ferse, Absatz

heir	-	Erbe
hem	-	Saum
henceforth	-	von nun an, fortan
herb	-	Kraut
herbology	-	Kräuterkunde
to **hew**	-	fällen
hewn	-	*ptp.* ⇒ to hew
hex	-	Zauber
to **hibernate**	-	überwintern, Winterschlaf halten
hillock	-	kleiner Hügel
(up) to the **hilt**	-	bis ans Heft, bis zum Anschlag, total
hind leg	-	Hinterbein
hinge	-	Türangel, Scharnier
to **hiss**	-	zischen
hitch	-	Problem, Schwierigkeit, Haken
hitherto	-	bisher, bis jetzt
hoarse	-	heiser
to **hobble**	-	humpeln, hinken
hog	-	Wildschwein
hoggy	-	wildschweinartig
to **hoist**	-	hochziehen, hissen
to keep **hold** of s.b.	-	jmdn. festhalten
hollow	-	Höhle
holly	-	Stechpalme (Ilex aquifolium)
hood	-	Kapuze
hooded	-	mit Kapuze, maskiert
hoodlum	-	Rowdy
to **hoodwink**	-	hinters Licht führen, reinlegen
hoop	-	Ring, Reifen
to **hoover**	-	staubsaugen
by the **hour**	-	stundenlang
hourglass	-	Sanduhr

I am not having one in the **house**!	-	Das kommt überhaupt nicht in Frage!
to **hover**	-	schweben
however	-	jedoch, aber
howler	-	Heuler
hubbub	-	Stimmengewirr
huddle	-	Haufen, Gruppe
huffy	-	muffelig
to **hug**	-	umarmen
hulking	-	schwerfällig
to **hum**	-	summen, brummen
humble	-	bescheiden, anspruchslos
to **humiliate**	-	demütigen, erniedrigen
to **hunch**	-	sich krümmen
to **hunch-up**	-	⇒ to hunch
to **hurtle**	-	rasen, sausen
hush	-	Stille, Schweigen
hushed	-	gedämpft
hut	-	Hütte, Baracke

I

icicle	-	Eiszapfen
ickle	-	Klein-
idle	-	untätig, müßig, gelassen
idly	-	*adv.* ⇒ idle
illicit	-	illegal
to **imbue**	-	erfüllen
impartial	-	unparteiisch
impeccable	-	tadellos, einwandfrei
imperious	-	herrisch, gebieterisch
impersonation	-	Verkörperung
to **implore** s.b.	-	jmdn. anflehen
imploring	-	flehentlich, inständig
impostor	-	Betrüger
imprecise	-	ungenau, unpräzise
incantation	-	Zauberformel, -spruch
to **inch**	-	sich langsam vorwärtsschieben
incoherent	-	zusammenhanglos, wirr
indignant	-	entrüstet
indignation	-	Entrüstung, Empörung
inept	-	ungeschickt, dumm
inexplicable	-	unerklärlich
to **infest**	-	befallen
to **infuriate**	-	wütend machen
ingenious	-	genial, raffiniert
inquiry	-	Untersuchung
insolent	-	unverschämt, frech
at the same **instant**	-	genau im gleichen Augenblick
intent	-	aufmerksam, gespannt (Blick)
intently	-	konzentriert
interference	-	Eingriff, Einmischung

to **invent**	-	erfinden
to **involve**	-	umfassen, beinhalten
inward	-	innerlich, im Innern
irksome	-	lästig
irritable	-	gereizt, reizbar
to **itch**	-	jucken
ivy	-	Efeu

J

to **jab**	-	tippen, stoßen
to **jabber**	-	schnattern
jacket potato	-	gebackene Kartoffel
to **jam** on	-	aufstülpen (Hut)
jar	-	Glas, Topf, Gefäß, Krug
jaunty	-	unbeschwert, unbekümmert, fesch, flott
javelin	-	Speer
jaw	-	Kiefer
jelly	-	Grütze
to **jerk**	-	rucken, zucken
jerky	-	ruckartig
jet	-	Strahl
jet black	-	kohlrabenschwarz
jiff	-	Augenblick
jig	-	Freudentanz
jiggery-pokery	-	fauler Zauber, Schmu
jinx	-	Verhexung
to **jinx**	-	verhexen
jinxed	-	verhext, verflucht
jolt	-	Ruck, Stoß
to **jostle**	-	drängeln, anrempeln, schubsen
jot	-	Fünkchen, Körnchen
jowl	-	Wange, Backe
jug	-	Krug, Kanne
jumper	-	Pullover
jumpy	-	nervös, unsicher
just in case	-	für alle Fälle

K

keen	-	eifrig
Keeper of Keys and Grounds	-	Verwalter von Haus und Außengelände
to **kindle**	-	entfachen, entzünden, wecken
to **kip**	-	pennen
knack	-	Talent, Geschick
knicker-bocker glory	-	Eisbecher mit Früchten und Sahne
knight	-	Springer (Schach)
to **knit**	-	stricken
knobbly	-	knubbelig, verwachsen
knotgrass	-	Vogelknöterich (Polygonum aviculare)
know-it-all	-	Besserwisser
knuckle	-	Fingerknöchel, Fingergelenk
knut	-	kleinste Währungseinheit in der magischen Welt (Bronzemünze)

L

to **label**	-	etikettieren, beschriften
lace cuff	-	Spitzenmanschette
lace frill	-	Spitzenkragen
lacewing fly	-	Florfliege (Chrysoperla carnea)
to get **landed** with s.b. / s.th.	-	jmdn. / etw. aufgehalst bekommen
lane	-	Feldweg
lanky	-	hochaufgeschossen, schlaksig
lantern	-	Laterne
lap	-	Schoß
lavatory seat	-	Klobrille
law-abiding	-	gesetzestreu
lead	-	Blei
leap	-	Sprung, Satz
to **leap**	-	springen, aufspringen
leapt	-	*pret., ptp.* ⇒ to leap
leash	-	Leine
leech	-	Blutegel
leek	-	Lauch, Porree
to **leer** at	-	schielen nach
to give s.b. a **leg** up	-	jmdm. hochhelfen
to go any **length**	-	alles Erdenkliche tun
lenient	-	mild, nachsichtig
leprechaun	-	Kobold
to **let** go of	-	loslassen
lethal	-	todbringend, tödlich
to **level** out	-	auslaufen
to **levitate**	-	(frei) schweben (lassen)
to **lick**	-	lecken, schlecken
to **light** up	-	aufleuchten
limbs	-	Glieder, Gliedmaßen

limerick	-	Limerick (fünfzeiliger Nonsens)
limp	-	schlaff, schlapp
linen	-	Leinen-
to **linger**	-	(zurück)bleiben, hängenbleiben
lingering	-	innig
lionfish	-	Rotfeuerfisch (Pterois volitans)
liquorice	-	Lakritze, Lakritz-
lit	-	*pret., ptp.* ⇒ to light
to have a lot to **live** up to	-	mit großen Erwartungen leben müssen
liver	-	Leber
livid	-	blau, bläulich (verfärbt)
lizard	-	Echse
to **loathe**	-	verabscheuen, hassen
loathing	-	Abscheu
to **lodge**	-	stecken bleiben
to **lodge** a complaint	-	Beschwerde einlegen, eine Beschwerde einreichen
loftily	-	stolz, hochmütig
That's your **lookout**!	-	Das ist Dein Problem!
to **loom**	-	auftauchen, näherrücken
loopy	-	gewunden
lop-sided	-	schief, nach einer Seite hängend
to fight a **losing battle**	-	einen aussichtslosen Kampf führen, auf verlorenem Posten stehen
lost for words	-	sprachlos
lot	-	Los, Schicksal
low-slung	-	tiefhängend
ludicrous	-	lächerlich, absurd
to **lumber**	-	trampeln, tapsen
luminous	-	leuchtend
lump	-	Klumpen, Kloß, Beule
lumpy	-	klumpig
lunatic	-	Verrückter

to **lunge**	-	sich stürzen
to **lurch**	-	rucken
to feel one's stomach **lurch** with nerves	-	ein nervöses Ziehen im Magen verspüren
to **lure**	-	(an)locken, ködern
lurid	-	grell
to **lurk**	-	lauern

M

to **madden**	-	verrückt machen
magenta	-	magentarot
maggoty	-	madig
magnificent	-	großartig, prachtvoll
mahogany	-	Mahagoni
to **maim**	-	verstümmeln
malevolent	-	feindselig, boshaft, böswillig
malice	-	Bosheit, Bösartigkeit
with **malice**	-	boshaft, maliziös
malicious	-	böswillig, arglistig
mallet	-	Holzhammer
manacles	-	Handfesseln, Handschellen
mandrake	-	Alraune (Mandragora officinarum)
mane	-	Mähne
mangled	-	zugerichtet
mangy	-	räudig
maniac	-	Wahnsinniger, Irrer
in a **manner of speaking**	-	sozusagen, gewissermaßen
mantelpiece	-	Kaminsims, Kamineinfassung, Kaminmantel
maple	-	Ahornbaum, Ahornholz
marauder	-	Plünderer
marble	-	Marmor
to have lost one's **marbles**	-	den Verstand verloren haben
maroon	-	kastanienbraun, rötlichbraun
marquee	-	großes Zelt
to **marvel**	-	sich wundern, staunen
to be a **match** for s.b.	-	sich mit jmdm. messen können
to be more than a **match** for s.b. / s.th	-	überlegen sein, mit jmdm. / etw. spielend fertig werden
matron	-	Oberschwester
as a **matter of fact**	-	tatsächlich, auf alle Fälle

mauve	-	malvenfarben
mayhem	-	Chaos
maze	-	Irrgarten, Labyrinth
mean	-	gemein
means	-	Mittel *(sg., pl.)*
meantime	-	inzwischen
in the meantime	-	in der Zwischenzeit, inzwischen
to meddle in	-	sich einmischen
medieval	-	mittelalterlich
butter mellow	-	butterweich
to memorise	-	sich einprägen
to mend	-	ausbessern
mere	-	bloß, lediglich
meringue	-	Meringe, Baiser (Schaumgebäck mit Zitronenaroma)
merit	-	Verdienst
mermaid	-	Seejungfrau
merry	-	fröhlich, vergnügt
to mesmerise	-	faszinieren
midriff	-	Magengrube
miffed	-	verärgert
might	-	Macht, Kraft
to milk	-	melken
to go through the mill	-	viel durchmachen müssen, durch die Mangel gedreht werden
to mingle	-	(ver)mischen
mint humbug	-	Pfefferminzbonbon
minuscule	-	winzig
mirthless	-	freudlos
mischief	-	Unfug, Dummheit
to put s.th. out of its misery	-	den Gnadenschuß geben
mist	-	Nebel
mistletoe	-	Mistelzweig

misty	-	unklar, verschwommen
to get **mixed** up in s.th.	-	in etw. verwickelt werden
modest	-	bescheiden, anspruchslos
moleskin	-	Maulwurfsfell
mongrel	-	Bastard, Promenadenmischung
monk	-	Mönch
monkshood	-	Blauer Eisenhut (Aconitum napellus)
morose	-	mürrisch
morsel	-	Bissen, Happen
moth-eaten	-	von Motten zerfressen
mouldy	-	muffig, schimmelig, gammelig, verschimmelt
to **mount**	-	besteigen
mournfully	-	traurig
to **mouth**	-	hauchen (sehr leise sprechen), lautlos Wörter mit den Lippen formen
mudblood	-	Schimpfwort für Zauberer aus Muggelfamilien
muffled	-	gedämpft
muffler	-	dicker Schal, Halstuch
muggle	-	Mensch ohne Zauberkräfte
muggy	-	trübe
mule	-	Maultier, Maulesel
mulish	-	störrisch
to **mull**	-	nachdenken, grübeln
mullioned window	-	zweiflügeliges Fenster
multi-storey	-	mehrstöckig
to **mumble**	-	murmeln, nuscheln
murmur	-	Gemurmel
to **murmur**	-	murmeln
musty	-	muffig
to **mutter**	-	murmeln
muzzle	-	Maul, Schnauze
mystified	-	verblüfft

N

to **nag** s.b.	-	jmdm. zusetzen
Don't **nag**!	-	Laß mich endlich in Ruhe!
nancy	-	Muttersöhnchen
natural	-	Naturtalent
navel	-	Nabel
nauseous	-	ekelerregend
negotiation	-	Verhandlung
nerve	-	Mut, Frechheit, Unverschämtheit
nettle	-	Nessel
nettle wine	-	Nesselwein
newt	-	Wassermolch (Gattung Triturus)
nibble	-	kleiner Bissen / Happen
nightgown	-	Nachthemd
nitwit	-	Dummkopf, Schwachkopf
to be **no good**	-	keinen Sinn machen
to **nobble**	-	sich schnappen, sich kaufen
nondescript	-	unbestimmbar, undefinierbar
nonentity	-	unbedeutende Figur, ein Niemand
nonplussed	-	verdutzt
nook	-	Winkel, Ecke
nosh	-	Essen, Futter
nostril	-	Nasenloch
nosy	-	neugierig
notch	-	Raste, Loch
to **nudge**	-	stupsen, anstoßen
nuffink	-	nichts (Verbalhornung von *nothing*)
numb	-	starr, erstarrt, (wie) betäubt
to be **numb** with	-	wie betäubt sein vor (Schock, Schmerzen usw.)
nutter	-	Spinner, Verrückter

O

oaf	-	Depp, Trottel, Dummkopf, Lümmel, Flegel
obedient	-	gehorsam
obstacle	-	Hindernis
occasion	-	Ereignis, Anlaß
oddment	-	Restposten, Einzelstück
offhand	-	lässig
to **ogle** at s.b.	-	jmdm. schöne Augen machen
ogre	-	(menschenfressendes) Ungeheuer
any **old home**	-	irgendjemand, der Erstbeste
ominous	-	ominös, unheilvoll
to be **on** to s.b.	-	jmdm. auf den Fersen sein
opaque	-	undurchsichtig
orb	-	Kugel, Ball
orchard	-	Obstgarten
ordeal	-	Qual, Tortur, Martyrium
ornate	-	kunstvoll, prunkvoll
to be **out cold**	-	k.o. sein, bewußtlos sein
outcast	-	Ausgestoßener, Verstoßener
outrage	-	Schandtat, Untat
to **outrage**	-	empören, schockieren
overgrown	-	zu groß geraten sein
owl	-	Eule
owlery	-	Eulenhaus, Eulengehege

P

pace	-	Schritt
to **padlock**	-	mit einem Vorhängeschloß verschließen
paisley	-	türkisch gemustert
pallid	-	blaß, fahl
palm	-	Handfläche
palmistry	-	Handlesekunst
palomino	-	palominofarben (creme-golden)
pandemonium	-	Hölle
pane	-	Fensterscheibe
to **pant**	-	keuchen
parchment	-	Pergament
to **pass** out	-	in Ohnmacht fallen, das Bewußtsein verlieren
passageway	-	Durchgang
passer-by	-	Passant, Vorübergehender
pasty	-	Pastete
pathetic	-	erbärmlich, miserabel (Leistung)
paving stone	-	Pflasterstein, -platte
to **paw**	-	scharren (mit den Hufen)
pawn	-	Bauer (Schach)
peaky	-	kränklich
pebble-dash	-	Kieselrauhputz
peculiar	-	seltsam, eigenartig
to **peer**	-	starren, schielen
peevish	-	übellaunig
to **pelt** at / towards s.b.	-	auf jmdn. zusausen
to **pelt** s.b. with s.th.	-	jmdn. mit etw. bewerfen
penalty	-	Freistoß, Strafstoß
pensivel	-	nachdenklich, trübsinnig
pep talk	-	Anfeuerungsrede
to **perch**	-	thronen, hocken, sich setzen / niederlassen

peril	-	Gefahr, Risiko
periscope	-	Sehrohr
periwinkle blue	-	tintenblau
to **pervade**	-	durchdringen, erfüllen
pestle	-	Mörserkeule, Stößel
petrified	-	versteinert
to **petrify**	-	versteinern
petulant	-	gereizt
pewter	-	Zinn, Zinn-
pheasant	-	Fasan
phial	-	Fläschchen
pickaxe	-	Spitzhacke
pickled	-	eingelegt
pigsty	-	Schweinestall
pigtail	-	Zopf
to **pile** through	-	sich durchdrängen
pillar	-	Pfeiler, Säule
to **pin**	-	heften
pince-nez	-	Kneifer, Klemmer (Sehhilfe)
pincer	-	Zange
to **pinch**	-	kneifen, zwicken
to **pine**	-	sich sehnen, sich vor Kummer verzehren
pineapple	-	Ananas
pinprick	-	Kleinigkeit
pinstriped cloak	-	Nadelstreifenumhang
piston	-	Kolben
pitch	-	Platz, Feld
pixy	-	Kobold
placid	-	(seelen)ruhig
plait	-	Zopf
platform	-	Bahnsteig, Gleis
platter	-	Teller, Platte

plea	-	Vorwand, Ausrede
to **plead**	-	bitten, nachsuchen
to **plead** with	-	dringend bitten um
pliable	-	biegsam, geschmeidig
plinth	-	Säulenplatte
ploughed	-	gepflügt
to get **ploughed**	-	umgehauen werden
to **pluck**	-	rupfen
plumage	-	Gefieder
plumbing	-	Wasserleitung
to **plummet**	-	absinken
to **plunge** off	-	davonstürzen
pointed face	-	spitzes Gesicht
pointed hat	-	Spitzhut
to **poke**	-	stubsen, stoßen
to **poke** around	-	stöbern, schnüffeln, herumstochern
to **poke** out	-	heraus- / hinausstrecken
poker	-	Schürhaken
pole	-	Stange
polecat	-	Iltis (Mustela putorius)
pompously	-	schwülstig (Sprache)
pond	-	Teich, Weiher
ponderous	-	schwer, gewichtig
to **pop** one's clogs	-	den Löffel abgeben
to **pop** s.th. into s.th.	-	etw. in etw. stecken
popkin	-	Kosename (wie z.B. Pausbäckchen)
porcupine	-	Stachelschwein
porridge	-	Haferflockenbrei
portly	-	stattlich, beleibt, korpulent
pothole	-	Schlagloch
potion	-	Trank, Zaubertrank
pouch	-	Beutel, Tasche

to **pounce**	-	zuschlagen
to **pound**	-	hämmern, pochen, klopfen, dröhnen
prat	-	Trottel, Idiot
precious little	-	ziemlich wenig
prefect	-	Aufsichtsschüler
premonition	-	Vorahnung
to **pretend**	-	vortäuschen
prey	-	Beute, Opfer
prickle	-	Prickeln
to **prickle**	-	prickeln, sich aufstellen (Haare)
privet	-	Liguster
to **prod**	-	stoßen, knuffen, stechen
prompting	-	Eingebung, Stimme (des Herzens)
prone	-	auf dem Bauch, mit dem Gesicht nach unten liegend
prong	-	Geweihsprosse, -ende
to **prop**	-	lehnen
protruding	-	abstehend
prowess	-	Tapferkeit
prowling	-	pirschend, schleichend
prune	-	Blödmann
to **prune**	-	beschneiden
puce	-	braunrot
puddle	-	Pfütze
to **puff**	-	schnauben, schnaufen
pug	-	Mops
pumpkin	-	Kürbis
to **punch**	-	schlagen
punch-bag	-	Sandsack
to **purge** of	-	reinigen von, säubern von
to **purr**	-	schnurren (Katze)
purveyor	-	Lieferant
pus	-	Eiter

to **push**	-	drängen
putrid	-	verfault, verwest, faulig (Geruch)

Q

quaver	-	Beben, Zittern
queasy	-	übel, unwohl
Quidditch	-	populärer Mannschaftssport unter Magiern
quill	-	Schreibfeder, Federkiel, Stachel des Stachelschweins
quilt	-	Bettdecke
quiver	-	Köcher
to **quiver**	-	zittern, zucken

R

to **rabbit**	-	quasseln, schwafeln
racket	-	Krach, Lärm, Krawall
radish	-	Radieschen
to **raid**	-	eine Razzia durchführen
to **rampage**	-	toben, wüten
to speak at **random**	-	wild drauflos reden
to **rant**	-	schwadronieren, geifern, toben
to **rap**	-	klopfen
rapt	-	hingerissen, entzückt, versunken, verloren
rapturous	-	entzückt, hingerissen
raspberry	-	Himbeere
rasping	-	kratzend, krächzend
rattled	-	schockiert, durcheinander
raucous	-	rauh, heiser
ravine	-	Schlucht
raw	-	roh, offen (Wunde)
rear	-	Hinter-, Rückseite
to **rear**	-	sich aufbäumen
to bring up the **rear**	-	die Nachhut bilden
rear admiral	-	Konteradmiral
to **reason** with s.b.	-	mit jmdm. vernünftig reden, jmdn. zur Vernunft bringen
to **rebound**	-	zurückfallen, zurückprallen
receptivity	-	Empfänglichkeit, Aufnahmefähigkeit
to **reckon**	-	glauben, schätzen
to **recoil**	-	zurückschrecken
to **reel** off	-	abspulen
to **refrain** from doing s.th.	-	etw. unterlassen, von etw. absehen
to **regurgiate**	-	zurückfließen
to **reignite**	-	wieder entzünden
to give free **rein**	-	freien Lauf lassen

reindeer	-	Rentier
reinforcement	-	Verstärkung
to **rejoice**	-	sich freuen, jauchzen
relation	-	Verwandter
to **relent**	-	sich erweichen lassen, weicher bzw. mitleidiger werden
relief	-	Erleichterung
reluctant	-	widerwillig, ungern
remnant	-	Rest, Überrest
remorse	-	Reue
remote control	-	Fernsteuerung
renown	-	Ruhm, Berühmtheit
to **replenish**	-	wieder auffüllen
resentment	-	Ärger, Groll
resourcefulness	-	Einfallsreichtum, Findigkeit, Genialität
restless	-	unruhig
to **restrain** from	-	zurückhalten von
to **resurrect**	-	wieder zum Leben erwecken, auferwecken
to **retch**	-	würgen
to **retort**	-	(scharf) entgegnen
to **retrieve**	-	zurückholen
to **rev up**	-	den Motor hochjagen, auf Touren bringen
to **reverberate**	-	widerhallen
reverent	-	ehrfurchtsvoll
reverie	-	Träumerei, Tagtraum
revision	-	Wiederholung (des Lernstoffs)
revolting	-	abstoßend, abscheulich
rickety	-	wackelig
to **ricochet**	-	abprallen
riffraff	-	Pöbel, Gesindel
to **rig** up	-	improvisieren, aufbauen
rigid	-	starr, steif
ringlet	-	Ringellöckchen

riot	-	Tumult, Aufruhr, Krawall
to rip	-	zerreißen
to rip off	-	herunterreißen
to ripple	-	wogen
to rise	-	steigen, sich erheben
to roar	-	brüllen, donnern
robe	-	Robe, Talar
rock cake	-	Hefeteilchen mit Rosinen
to be off one's rocker	-	übergeschnappt sein, durchgeknallt sein
rogue	-	bockend
roguish	-	schurkisch, schelmisch
roof	-	Dach
roomy	-	geräumig
rooster	-	Hahn
rose	-	*pret.* ⇒ to rise
to rot	-	verrotten, verfaulen
rotter	-	Schweinehund, Scheißkerl
roughly hewn	-	grob behauen
to come round	-	zu Bewußtsein kommen, aufwachen
to round on s.b.	-	zu jmdm. herumfahren
rounders	-	Schlagball
row	-	Krach, Streit
ruddy	-	verdammt
rude	-	unhöflich
ruff	-	Halskrause
to ruffle	-	kräuseln, zerzausen
ruffled	-	zerzaust, verkrumpelt
rug	-	Teppich, Läufer
to rumble	-	knurren, donnern
to rummage	-	durchstöbern, durchwühlen
to rummage in	-	herumstöbern in, wühlen in
rumour	-	Gerücht

to **rumple**	-	zerwühlen
runty	-	kümmerlich
to **rustle**	-	rascheln, rauschen

S

sabre	-	Säbel
to **sack**	-	rausschmeißen, entlassen
sacrifice	-	Aufopferung, Opfer
to **sag**	-	sich absenken, durchhängen, nachgeben
saintly	-	fromm
saliva	-	Speichel
sanctimonious	-	scheinheilig
sandy	-	rotblond
sane	-	normal, zurechnungsfähig
sardonic	-	sardonisch, hämisch, grimmig
savage	-	Wilder
to **savage**	-	anfallen, zerfleischen
scabby	-	schorfig, grindig
scalding	-	kochend heiß, siedend
(pair of) **scales**	-	Waage
scallywag	-	Schlingel, Strolch
scaly	-	schuppig
scar	-	Narbe, Kratzer
to **scarper**	-	abhauen, verduften
scathing	-	vernichtend
to **scatter**	-	verstreuen, verteilen
to **scent**	-	wittern
scoop	-	Schaufel, Portion, Knüller
to **scoop**	-	schöpfen, schaufeln
to **scoot**	-	abzischen
scorch mark	-	Brandfleck, versengte Stelle
to **scowl** at s.b.	-	jmdn. böse ansehen
to **scrabble**	-	wühlen, kratzen
to **scramble**	-	klettern
scrap	-	Abfall

to **scrape**	-	kratzen
to **scrape** through	-	mit Ach und Krach bestehen, durchrutschen
scrawl	-	Krakelei, Klaue
scrawny	-	dürr
to **screech**	-	kreischen, schreien
screech owl	-	Schleiereule (Otus asio, Otus kennicotti)
to **screw** up one's courage	-	seinen ganzen Mut zusammennehmen
to **screw** up one's face	-	das Gesicht verziehen
to **scribble**	-	kritzeln
scroll	-	Schriftrolle
scrounger	-	Schnorrer
scruff	-	Genick
to take s.b. by the **scruff** of the neck	-	jmdn. am / beim Kragen packen
scruffy	-	Schlampersack
to **scud** across	-	vorüberjagen
scuffle	-	Poltern
scum	-	Abschaum
to **scurry**	-	huschen
scurvy	-	(hunds)gemein, fies
to **scuttle**	-	trippeln
seam	-	Saum
to **sear**	-	durchzucken (Schmerz)
Search me!	-	Was weiß ich?
seaweed	-	Tang, Alge
to **seek**	-	erlangen wollen, streben nach
Sellotape	-	Tesafilm
sentry	-	Wachposten
serene	-	ruhig, gelassen
serpent	-	Schlange
servant	-	Diener
to **sew**	-	nähen
sewer	-	Abwasserkanal, Kloake

sewn	-	*ptp.* ⇒ to sew
shack	-	Hütte, Baracke
shaggy	-	zottig, zottelig
shallows	-	seichte Stelle im Gewässer, Untiefe
shame	-	Schamgefühl
shamrock	-	Feldklee
shan't	-	werde nicht (*inf.* ⇒ shall not)
shaped	-	geformt
sharpish	-	zügig, schleunigst
to have a close **shave**	-	mit knapper Not entrinnen
shawl	-	Umhängetuch
to **shear**	-	scheren
to **shed**	-	sich häuten
to **shell**	-	enthülsen, schälen
to **shepherd**	-	führen
sherbet	-	Sorbet, Wassereis
sherbet lemon	-	Zitronenbonbon, -drop
shifty	-	verstohlen, verdächtig
to **shimmer**	-	schimmern
shin	-	Schienbein
to **shiver**	-	zittern, schaudern
shooting star	-	Sternschnuppe
to **shove**	-	schubsen, schieben
to **shovel**	-	schaufeln
shovel-like	-	schaufelartig
shrank	-	*pret.* ⇒ to shrink
shrewd	-	gewitzt
shriek	-	Schrei
to **shriek** with	-	(gellend) aufschreien vor
shrill	-	schrill
shrink	-	Schrumpfung
to **shrink**	-	zurückweichen, schrumpfen, kleiner werden

to **shrivel** up	-	einschrumpfen / zusammenschrumpfen lassen
to **shrug** off	-	mit einem Schulterzucken abtun
to **shudder**	-	schaudern
to **shuffle**	-	schlurfen
shuffling	-	schlurfend
to **shun**	-	meiden
to take **sides**	-	Partei ergreifen
to **sidle**	-	schleichen
silky	-	(aal)glatt
sill	-	Fensterbrett, -bank
to **simmer**	-	auf kleiner Flamme kochen, köcheln, leicht kochen
to **simper**	-	albern / affektiert lächeln
sinew	-	Sehne
sinewy	-	kraftvoll, kräftig
single-handed	-	allein, im Alleingang
sinister	-	finster, unheimlich, drohend, unheilvoll
sink	-	Waschbecken, Ausgußbecken
to **siphon**	-	absaugen
to **sizzle**	-	zischen, brutzeln
to **skid**	-	rutschen, ausrutschen, bremsen, schleudern
to **skim** through s.th.	-	etw. überfliegen
skinny	-	dünn
to **skip**	-	springen, hüpfen, schwänzen
to **skive** off	-	sich drücken vor
to **skulk**	-	schleichen, sich herumdrücken
skull	-	Schädel
slain	-	*ptp.* ⇒ to slay
to **slay**	-	ermorden
sled	-	Schlitten
sleek	-	schnittig, geschmeidig, glatt, gepflegt
sleet	-	Schneeregen
to **sling**	-	aufhängen

to **slink**	-	schleichen
to **slip**	-	schlüpfen, schleichen
slit	-	Schlitz
to **slither**	-	gleiten
sliver	-	Splitter
slope	-	Böschung
to **slope**	-	schlendern, sich neigen
sloping	-	geneigt
sloppy	-	vergammelt
sloth	-	Faultier
to **slouch**	-	latschen
sludge	-	Schlamm
slug	-	Nacktschnecke
slug pellets	-	Schneckenkorn (Schneckengift in Körnerform)
to **slump**	-	stürzen, fallen, zu Boden sinken, zusammensacken
sly	-	schlau, gerissen, verschlagen, listig
sly dog	-	ein ganz Schlauer
smarmy	-	kriecherisch
to **smirk**	-	selbstgefällig / schadenfroh grinsen
to **smash** to **smithereens**	-	in tausend Stücke schlagen / zerspringen
to **smother**	-	ersticken, unterdrücken
to **smoulder**	-	glimmen
to **smudge**	-	verschmieren
smudged	-	verschmiert
smug	-	selbstgefällig
to **snag** on s.th.	-	sich an etw. einen Faden ziehen
snake	-	Schlange
to **snap**	-	bellen, anfahren
to **snap** at	-	schnappen nach
to **snarl**	-	knurren
snarled	-	verheddert, verknotet

to **snatch**	-	packen, greifen, entreißen
to **sneak**	-	schleichen
to **sneer**	-	höhnisch grinsen, höhnen, spötteln
to **sniffle**	-	greinen, heulen
sniffy	-	verschnupft, eingeschnappt, naserümpfend
to **snigger**	-	kichern
to **snort**	-	(wütend / verächtlich) schnauben
snout	-	Nase, Rüssel
snowy owl	-	Schneeeule (Nyctea scandica)
snuff-box	-	Schnupftabaksdose
to **soar**	-	aufsteigen, in die Höhe steigen
sob	-	Schluchzer
to **sob**	-	schluchzen
socket	-	Augenhöhle
sodden	-	durchweicht, durchnäßt
soggy	-	durchweicht
solace	-	Trost
solemn	-	feierlich
somersault	-	Salto, Purzelbaum
soot	-	Ruß
to **soothe**	-	beruhigen, beschwichtigen
sorcerer	-	Hexenmeister, Hexer, Zauberer
sore	-	schmerzend
sorrowful	-	traurig
span	-	*pret. (old)* ⇒ to spin
spangled	-	mit Pailletten (kleine runde Metallplättchen) besetzt
spare	-	Ersatz, Überzähliger
spark	-	Funke(n)
spasm	-	Krampf, Zucken, Anfall
spat	-	*pret., ptp.* ⇒ to spit
speck	-	Fleck
sped	-	*pret., ptp.* ⇒ to speed

to **speed**	-	flitzen, sausen
spell	-	Zauber
spellbook	-	Zauberbuch
to **spew**	-	erbrechen
spiffing	-	toll, (tod)schick
spiky	-	stachelig
to **spill**	-	sich ergießen, strömen
to **spin**	-	herumwirbeln, trudeln, sich drehen
spindle-legged	-	storchbeinig
spindly chair	-	zierliches Stühlchen
spine	-	Stachel
spiny	-	stachelig
to **spit**	-	spucken
spite	-	Boshaftigkeit, Gehässigkeit
splash	-	Spritzer, Fleck
spleen	-	Milz
splinter	-	Splitter
to **splutter**	-	hervorstoßen, prusten
to **spoil**	-	verderben, ruinieren
spoilsport	-	Spielverderber
sponge	-	Schwamm
to **sponge**	-	abwischen, abtupfen
sporting	-	mutig
to **spot**	-	entdecken
to **sprawl**	-	ausgestreckt liegen
to **spring** to life	-	lebendig werden, zum Leben erwachen
to walk with a new **spring** in one's step	-	mit beflügelten Schritten gehen
sprout	-	Rosenkohl
squashy	-	weich, matschig
squat	-	gedrungen, kompakt, untersetzt
to **squawk**	-	schreien, kreischen
squeal	-	Aufschrei

to **squeal**	-	kreischen
to **squeeze**	-	quetschen
squelchy	-	platschend, schmatzend
squid	-	Tintenfisch (Sepia officinalis)
to **squint**	-	blinzeln, linsen, schielen
stack	-	Stapel
stag	-	Hirsch
to **stagger**	-	taumeln, schwanken
to be at **stake**	-	auf dem Spiel stehen
stale	-	alt
stammer	-	Stottern
to **stamp** out	-	ausmerzen
stampede	-	Massenansturm
stand	-	Tribüne
to **stand** out	-	deutlich hervortreten
to **stand** up to s.b.	-	sich jmdm. gegenüber behaupten
star-gazer	-	Sterngucker
to **startle**	-	erschrecken, entsetzen
by **stealth**	-	durch List
stealthy	-	heimlich, verstohlen
steak-and-kidney pie	-	Rindfleisch- und Nierenpastete
to **steamroller** s.b.	-	jmdn. plätten (vernichtend schlagen)
to **steel** oneself	-	sich wappnen, allen Mut zusammen nehmen
steely	-	stählern
to **steer**	-	lotsen, bugsieren
stench	-	Gestank
stern	-	streng, ernst
stern-looking	-	streng aussehend
to **stew**	-	schmoren
to **stick** up for s.b.	-	für jmdn. eintreten
to come to an **sticky** end	-	ein böses Ende nehmen
stifling	-	drückend (unangenehm warm)

stile	-	Zaunübertritt
to **sting**	-	schmerzen, weh tun
to **stir**	-	sich rühren, sich bewegen
stitch	-	Masche (beim Stricken)
stoat	-	Wiesel
to **stoke**	-	schüren
to **stomp**	-	stapfen
stool	-	Hocker
to **stoop**	-	sich bücken, sich krumm halten, gebückt gehen
to **stopper**	-	verstöpseln
to **storm**	-	toben, wüten
stout	-	beherzt, hartnäckig
to **straighten**	-	in Ordnung bringen
to **strain**	-	anstrengen
to look **strained**	-	angespannt aussehen
strangled cry	-	erstickter Schrei
strap	-	Riemen, Gurt
to **strap**	-	festschnallen
straw	-	Stroh
stray	-	verirrtes / streunendes Tier
to **stray**	-	sich verirren; gleiten, abschweifen (Blick); streunen
to **streak**	-	flitzen
to **strew**	-	bestreuen
strewn	-	*ptp.* ⇒ to strew
to **stride**	-	schreiten, mit schnellen / großen Schritten gehen
to **strike** s.b. as strange / ominous	-	jmdm. seltsam / bedrohlich vorkommen
to **stripe** down	-	auseinandernehmen, zerlegen
strode	-	*pret.* ⇒ to stride
to **stroke**	-	streicheln
stroll	-	Spaziergang

to **stroll**	-	bummeln, spazieren
struck	-	*pret., ptp.* ⇒ to strike
to **struggle**	-	kämpfen
to **strut**	-	großspurig auftreten
stub	-	Stummel
stubble	-	Stoppeln
stubborn	-	eigensinnig, stur
study	-	Arbeitszimmer
to **stuff**	-	stopfen, stecken
Get **stuffed**!	-	Leck mich (am Arsch)!
to **stump**	-	stapfen
to be **stumped**	-	überfordert sein
stung	-	*pret., ptp.* ⇒ to sting
stunned	-	fassungslos, sprachlos
stunning	-	überwältigend, umwerfend
stupor	-	Benommenheit
to **subdue**	-	bändigen, zähmen
subdued	-	ruhig, still
subject	-	Thema
substitute	-	Ersatzspieler
subtle	-	fein, raffiniert
succulen	-	saftig
to **suffocate**	-	ersticken
sultry	-	schwül
sumptuous	-	luxuriös
to **surge** back	-	zurückströmen (Leben, Gefühl)
surly	-	mürrisch, mißmutig
to **surmise**	-	vermuten
to **surround**	-	umgeben
to **suspend**	-	hängen
suspension	-	Suspendierung, zeitweiliger Ausschluß
suspension bridge	-	Hängebrücke

to **swagger**	-	stolzieren
to **swallow**	-	schlucken
to **swap**	-	tauschen
to **swathe**	-	einhüllen
to **sway**	-	schwanken
to **swear**	-	fluchen
sweeping	-	weit ausholend, schwungvoll
sweetums	-	wenig schmeichelhafter Kosename (Name eines großen häßlichen Monsters in der Muppet Show)
to **swell**	-	anschwellen
sweltering	-	glühend
swerve	-	Schwenk(ung), Schlenker
to take a **swig**	-	einen kräftigen Schluck nehmen
to **swill**	-	saufen
to take a **swipe** at s.b.	-	nach jmdm. schlagen
swish	-	Wehen, Wischen
to **swish**	-	zischen, sausen, wischen
swishy	-	todschick
to **swivel**	-	sich drehen, sich herumdrehen
swoon	-	Ohnmacht
to **swoop**	-	herabstoßen, herabsausen
to **swoop** around	-	umherschwirren
to **swoop** down on	-	herabstoßen auf
swore	-	*pret.* ⇒ to swear
to be **sworn**	-	verpflichtet sein
to **swot**	-	büffeln, pauken
sycamore	-	Platane (Platanus occidentalis)
sycophantically	-	schmeichlerisch, kriecherisch
syllable	-	Silbe

T

tabby cat	-	getigerte Katze
to tackle	-	angreifen, bewältigen, fertig werden mit
tail	-	Schwanz
to tail away	-	abflauen, schwinden
tailcoat	-	Frack
to give s.b. a talking-to	-	jmdm. eine Drohpredigt halten
to tally with	-	übereinstimmen mit
talon	-	Kralle, Klaue
tame	-	zahm, fad, lahm
tangle	-	Gewirr, Wirrwarr, Durcheinander, Knäuel
tangled	-	wirr, verworren
tank	-	Panzer
tankard	-	Bierkrug
tantalising	-	quälend, aufreizend, verlockend
tantrum	-	Wutanfall
tap		Klaps, leichter Schlag, Wasserhahn
to tap-dance	-	steppen
tapestry	-	Wandteppich
to tarnish	-	trüben
to tarry	-	abwarten, zaudern
tart	-	Obstkuchen, Kuchen
tartan	-	Schottenkaro, -muster
tattered	-	zerlumpt
taunt	-	angespannt
to taunt	-	verspotten, aufziehen
tawny	-	gelbbraun
tawny owl	-	Waldkauz (Strix aluco)
tea cosy	-	Teewärmer
tearful	-	tränenüberströmt
tear-streaked	-	tränenverschmiert

to **tell** s.b. off	-	jmdn. ausschimpfen, jmdm. eine Standpauke halten
to lose one's **temper**	-	die Beherrschung verlieren
temple	-	Schläfe
to **tempt** s.b.	-	jmdn. in Versuchung führen
tendril	-	Ranke
tense	-	gespannt, angespannt
to be on **tenterhooks**	-	auf die Folter gespannt sein, wie auf glühenden Kohlen sitzen
terse	-	knapp, kurz
testy	-	gereizt
to **tether** to	-	anbinden an
to be at the end of one's **tether**	-	am Ende seiner Kräfte sein
thickset	-	gedrungen, stämmig
at the very **thought**	-	beim bloßen Gedanken
to **thrash** about	-	um sich schlagen, sich herumwerfen
to lose the **thread**	-	den Faden / Gesprächsfaden verlieren
threshold	-	Schwelle
to **throb**	-	pochen, schlagen
to **throng**	-	sich drängen
thoroughfare	-	Hauptverkehrsstraße, Durchgangsstraße
thud	-	dumpfes Geräusch / Schlagen, Plumpsen
thump	-	dumpfes Krachen, Bums
thumping good	-	kolossal, mordsmäßig gut
to **thwart**	-	vereiteln
to **tickle**	-	kitzeln
tidy	-	ordentlich, sauber, gepflegt
tight-knit	-	dicht gedrängt
to **tilt**	-	neigen
tinge	-	Hauch, Anflug
to **tingle**	-	prickeln, kribbeln
tinsel	-	Lametta
to **tip**	-	kippen, schmeißen

to **tip** s.b. off	-	jmdm. einen Tip / Wink geben
to **tiptoe**	-	auf Zehenspitzen gehen
to stand on **tiptoe**	-	auf Zehenspitzen stehen
toad	-	Kröte
toil	-	Mühe, Plage
token	-	Zeichen
toothpick	-	Zahnstocher
topmost	-	höchst, oberst
to **topple**	-	(um)kippen, fallen
to **torment**	-	plagen
torrential rain	-	sintflutartiger Regen
tortoise	-	Schildkröte
torture	-	Folter, Qual
tosh	-	Quatsch, blanker Unsinn
to **totter**	-	schwanken, wanken, tapsen, taumeln
towering	-	aufragend, alles überragend
track	-	Weg, Pfad
trainer	-	Turnschuh
traitor	-	Verräter
to **tramp** up	-	stampfen, trampeln
transfiguration	-	Verwandlung, Transfiguration
transfixed	-	gebannt, wie festgenagelt
trapdoor	-	Falltür
treacle	-	Sirup
to **tread** on s.th.	-	auf etw. treten
to look a **treat**	-	wunderbar aussehen
treble	-	Knabenstimme
tree frog	-	Laubfrosch (Hyla arborea)
tremulous	-	zaghaft, ängstlich
trestle table	-	auf Böcken stehender Tisch
trifle	-	Trifle (Biskuitdessert)
to **trip**	-	stolpern

trod	-	*pret.* ⇒ to tread
trodden	-	*ptp.* ⇒ to tread
trolley	-	Gepäckwagen, Kofferkuli
troops	-	Truppen, Soldaten
to **trot**	-	traben
to drop one's **trowels**	-	alles stehen und liegen lassen
to **trundle**	-	rollen, sich wälzen
trunk	-	Schrankkoffer
to **tuck**	-	stecken
to **tuck** away	-	wegstecken, verstauen
Tuck in!	-	Haut rein! Laßt es euch schmecken!
tuft	-	Büschel
tufty	-	büschelig
to **tug**	-	zerren, ziehen
to **tumble**	-	sich überschlagen, durcheinanderpurzeln
tune	-	Melodie
tureen	-	Terrine, Suppenterrine
to **turn** s.b.'s head	-	jmdm. zu Kopf steigen
to **turn** on s.b.	-	sich gegen jmdn. wenden
turncoat	-	Abtrünniger, Überläufer
turnip	-	Rübe
turret	-	Mauerturm, Eckturm
tussle	-	Rauferei
tut, tut	-	na, na; aber, aber
to **tweak**	-	zupfen, kneifen
(pair of) **tweezers**	-	Pinzette
to **twiddle**	-	herumspielen mit
twig	-	dünner Zweig, Rute
to **twist**	-	sich drehen, sich winden, sich schlängeln
to **twist** s.th. around s.th.	-	etw. um etw. wickeln / winden
twisted	-	unredlich
to **twitch**	-	zucken
tyke	-	Lausbub, Lümmel

U

U-bend	-	Syphon (U-förmige Krümmung im Abfluß)
uncanny	-	unheimlich
unctuous	-	ölig, fettig
underdog	-	Unterlegener, Schwächerer, Benachteiligter
undergrowth	-	Unterholz
undiluted	-	unverdünnt
to **undulate**	-	sich schlängeln
to **unhinge**	-	aus den Angeln heben (Tür)
unicorn	-	Einhorn
to **unleash**	-	auslösen
unless	-	wenn nicht, außer
to **unravel**	-	sich entwirren
unsettled	-	ungewiß, unbestimmt
unstable	-	unbeständig
to **unwrap**	-	auspacken
to be **up** to do s.th.		etw. im Schilde führen
uproar	-	Aufruhr, Tumult
upset	-	gekränkt, verärgert
to **urge** s.b. to do s.th.	-	jmdn. zu etw. drängen
to **usher**	-	hinein-, hereinführen
utter	-	total, vollkommen, völlig

V

in **vain**	-	vergeblich, umsonst
valiant	-	tapfer, mutig
vapour	-	Dampf, Dunst
vast	-	gewaltig, riesig
vault	-	Tresorraum, Kellergewölbe
to **veer**	-	(scharf) abdrehen
to **veil**	-	verschleiern
vein	-	Vene, Ader
vendetta	-	Blutrache
venerable	-	ehrwürdig
venom	-	Gift, Gehässigkeit
venomous	-	giftig, scharf, böse
ventriloquist	-	Bauchredner
to **venture**	-	sich wagen
verdict	-	Urteil
vermin	-	Ungeziefer, Schädlinge
vicious	-	bösartig, bissig, brutal
vigilance	-	Wachsamkeit
vigorous	-	heftig, eifrig
villain	-	Ganove
vindictiveness	-	Rachsucht
vociferous	-	laut, lautstark
vole	-	Wühlmaus (Unterfamilie Microtinae)
to **vomit**	-	sich übergeben
to **vouch** for	-	sich verbürgen für
vulture	-	Geier

W

wad	-	Pfropfen
to waddle	-	watscheln
waffle	-	Geschwafel
waft	-	Hauch, Dufthauch
to waft	-	wehen, ziehen
to waggle	-	wackeln
to wail	-	heulen, jammern
wailing	-	Jammern, Klagen, Wimmern
waist	-	Taille
wake	-	Kielwasser
to wake with a start	-	auf einen Schlag hellwach sein
wan	-	bleich, blaß
wand	-	Zauberstab
to wangle	-	organisieren (klauen)
ward	-	Station
to ward off	-	fernhalten
warlock	-	Hexer, Hexenmeister
wart	-	Warze
warty	-	warzig
wary	-	vorsichtig
waspish	-	gereizt, giftig
to waste away	-	dahinschwinden
wastrel	-	Taugenichts, Herumtreiber
to waylay s.b.	-	jmdm. auflauern
to weave	-	sich schlängeln
webbed	-	schwimmhäutig
wee	-	winzig
weedy	-	klapperig, schmächtig
weird	-	unheimlich, sonderbar, verrückt
weirdo	-	verrückter Typ, Sonderling

werewolf	-	Werwolf
to **whack** s.b.	-	schlagen, jmdm. einen Schlag versetzen
to **wheedle**	-	überreden, beschwatzen
wheeze	-	Scherz, Gag
to **wheeze**	-	keuchend hervorstoßen
wheezy	-	keuchend, pfeifend atmend
to **whimper**	-	wimmern, winseln
to **whine**	-	quengeln
to **whip** out	-	zücken, aus der Tasche ziehen
whippy	-	biegsam, elastisch, federnd
whirl	-	Wirbel
to **whirl**	-	(herum)wirbeln
to **whirr**	-	schwirren, surren
to **whisk**	-	flitzen, stieben
whisker	-	Schnurrhaar
to **whittle**	-	schnitzen
to **whiz**	-	zischen, schwirren, sausen
to **whizz**	-	⇒ to whiz
to **whomp**	-	hart ausschlagen
whoop	-	Schrei, Geheul
to **whoop**	-	schreien, jauchzen
to **whoosh**	-	zischen, rauschen, sausen
wicked	-	böse, gemein, schlecht
wig	-	Perücke
to **wiggle**	-	wackeln
willow	-	Weide, Weidenholz
to **wince**	-	zusammenzucken
window-sill	-	Fensterbank, Fenstersims
to **wink**	-	blinzeln, zwinkern
wintery	-	winterlich, frostig
to **wipe** s.b. off the pitch	-	jmdn. vom Spielfeld kratzen
wiper	-	Wischer, Scheibenwischer

wispy	-	dünn, schmächtig
wit	-	Verstand
witchcraft	-	Hexerei
to scare s.b. out of his / hers wits	-	jmdn. zu Tode erschrecken
witty	-	geistreich, witzig
wizard	-	Zauberer
wizardry	-	Zauberei
wizened	-	schrumpelig, verschrumpelt
woe	-	Kummer, Leid
woe betide ...!	-	wehe ...!
woebegone	-	leid-, jammervoll
woke	-	*pret.* ⇒ to wake
to wolf down	-	herunterschlingen, (gierig) verschlingen
wolfsbane	-	Blauer Eisenhut (Aconitum napellus)
wormwood	-	Wermut
wonky	-	wackelig
woolly	-	wirr
to get worked up	-	sich aufregen, aufgestachelt werden
wrath	-	Zorn, Wut
wrathful	-	zornig
wreath	-	Kranz
to be a wrench	-	weh tun
to wrench	-	winden, entwinden
to wrench a door open	-	eine Tür aufzwingen
to wrench one's way through s.th.	-	sich den Weg freibrechen
to wriggle	-	zappeln, sich winden, sich schlängeln
to wriggle out	-	sich herauswinden aus
wriggly	-	zappelnd, sich windend
to wrinkle one's nose	-	die Nase rümpfen
wrinkled	-	faltig
wrist	-	Handgelenk

wristwatch	-	Armbanduhr
to **writhe**	-	sich krümmen, sich winden
wrought-iron	-	schmiedeeisern
wry	-	süßsauer (Lächeln)

XYZ

yak	-	Yak, Grunzochse (Bos mutus grunniens)
yell	-	Schrei
yelp	-	Aufschrei
to **yelp**	-	aufschreien
yew	-	Eibe, Eibenholz
yew tree	-	Eibe
to **yield**	-	nachgeben
yule	-	Weihnachts-, Julfest
to **zig-zag**	-	sich im Zickzack bewegen
zombie	-	Untoter, Zombie
to **zoom**	-	sausen

NOTIZEN

NOTIZEN

NOTIZEN

NOTIZEN